AF259948

OPINION

SUR LES ASSIGNATS;

Par M. L***.

OPINION

SUR LES ASSIGNATS,

Par M. L***.

Lue le 6 Septembre 1790, dans la Société de 1789.

PERMETTEZ-MOI, messieurs, de venir vous préfenter quelques réflexions fur la grande queftion que vous agitez, & de vous déclarer, avant tout, que fi mon but eft de défendre le fyftème des affignats-monnoie, mon opinion n'eft point de donner à leur émiffion toute la latitude qu'on vous a préfenté. En pareille mefure, comme en une autre infinité de difpofitions admini-ftratives, je penfe que le néceffaire ou le jufte befoin, font les bornes naturelles que la fageffe prefcrit à la théorie la plus faine, & au fyftème le plus falutaire en apparence.

Je tâcherai, messieurs, d'écarter, autant que poffible, toute exagération de mon fujet, toute prétention de mon ftyle, & de me renfermer en des idées fimples & précifes : il eft difficile d'en

A 2

préfenter aujourd'hui de nouvelles ; mais il faut bien rappeller celles qui doivent ferrer la difcuffion, & influer fur fon réfultat.

Tout le monde convient de la néceffité d'aliéner la maffe des biens nationaux, & cette néceffité eft fondée ;

1°. Sur la difconvenance qu'il y auroit à les laiffer, trop long-temps, fous une adminiftration fufceptible d'abus & d'inconvéniens ;

2°. Sur la politique qui commande la dénaturalifation des biens eccléfiaftiqnes ;

3°. Sur la conftitution qui veut augmenter & multiplier le nombre des propriétaires & des agriculteurs ;

4°. Enfin, fur la néceffité qui exifte à venir, par ce moyen furabondant au fecours de la dette publique, & au foulagement des impofitions.

Ces principes admis, il n'eft aucun autre moyen d'en atteindre la conféquence, que d'attirer un grand nombre d'achéteurs. Or, pour y réuffir, il faut non feulement des facilités engageantes, des convenances individuelles, mais encore, & par-deffus tout, des moyens, c'eft-à-dire les valeurs ou les fignes repréféntatifs des valeurs néceffaires à s'acquitter. Je penfe donc fermement, & il me femble qu'on vous la démontré, *il faut payer votre dette pour vendre vos biens, & non pas vendre vos biens pour payer votre dette.*

Mais c'est ici que se présente la grande question sur le mode de ce paiement : la situation actuelle des finances exclut la possibilité de l'exécuter immédiatement par du numéraire en métal, puisque le concours des circonstances l'a presqu'entièrement écarté, exporté ou enfoui ; & pour l'observer ici en passant, c'est un des malheurs attaché à ce signe équivoque d'échanges, à ce représentatif conventionel, & consacré exclusivement par l'opinion, de le voir sans cesse disparoître au moment du besoin, & toujours surabonder lorsqu'il devient moins nécessaire. Quoi qu'il en soit, son retour ne peut être provoqué violemment, & il ne sera que l'effet de la confiance : que reste-t-il donc à faire pour inspirer successivement cette confiance, & suppléer en attendant aux signes nécessaires des paiemens. Il n'est, je crois, que deux moyens généraux & dissemblables, entre lesquels nous ayons à choisir ; car toutes les autres propositions rentrent dans l'un de ces moyens, & n'en sont que des modifications sous des formes, ou sous des noms différens.

Promesse de payer par un mandat-marchandise, ou paiement par un mandat-monnoie, en d'autres termes, affignat libre, ou affignat forcé. C'eft, je crois, où doit fe borner notre difcuffion en dernière analyfe ; car l'affignat libre n'eft qu'une promeffe de payer, & qu'on lui donne le nom & la forme de quittance de finance, de brevet de liquidation, de commutation de titre, de reconnoiffance de créance, ce ne fera jamais qu'une délégation difponible par vente & achat volontaire, jufqu'à ce qu'il rempliffe fa véritable & fa dernière deftination, celle d'aller fe convertir en fonds de terres.

L'affignat forcé a les mêmes prérogatives & la même deftination, avec cette différence qu'il fert de paiement effectif en circulant pour la valeur déterminée & immuable qui lui eft attachée par la loi. L'un & l'autre mode de paiement remplit également le premier & le dernier but que l'Etat doit fe propofer, c'eft-à-dire de s'acquitter auffi bien qu'il eft poffible, vis-à-vis de fon créancier direct, & de difpofer finalement de fes immeubles ; mais entre ce premier & ce dernier terme, les affignats ont à parcourir une infinité de canaux intermédiaires, & il faut examiner par comparaifon lequel des deux moyens eft le plus jufte, & offre le moins d'inconvéniens, ou les inconvéniens les moins graves.

C'eſt cet examen comparatif qui me paroît, juſqu'à préſent, avoir été négligé dans les diſcuſſions ; car l'on s'efforce bien de combattre le ſyſtême des aſſignats forcés, & d'en faire ſentir les inconvéniens ; mais eſt-il prouvé que la conſéquence néceſſaire du refus des aſſignats forcés, ſoit l'admiſſion des aſſignats libres ? A-t-on peſé également ſur les inconvéniens de ces derniers ? Eſt-il ſûr qu'il faille admettre ceux-ci en repouſſant ceux-là, & qu'il n'y ait pas plus de maux à en craindre ? Il me ſemble que juſqu'à ce qu'on nous offre d'autres moyens, il faut étudier par analogie les deux qui nous ſont offerts & s'arrêter au meilleur, ou ſi l'on veut au moins mauvais.

Quel ſera l'effet des aſſignats en mains du créancier direct ? Si ce créancier eſt diſpoſé à achetter des terres, il le fera également avec un aſſignat libre ou avec un aſſignat forcé, toutes choſes d'ailleurs égales ; mais il achettera bien plus promptement encore, ſi l'aſſignat forcé porte peu ou point d'intérêt, & que l'aſſignat libre ſoit juſtement productif comme tous les autres effets publics d'un intérêt annuel. -- Premier avantage en faveur de l'aſſignat-monnoie. -- Si ce créancier ne peut ou ne veut pas devenir propriétaire, s'il a lui-même des dettes à acquitter, avec un aſſignat libre, vous n'avez pas changé sa position, ou plûtôt vous l'avez détériorée ; car il n'est pas raisonnablement à présumer qu'il puisse vendre mieux une créance nouvelle qu'une ancienne, une créance qui sera d'un moindre rapport, dont la masse se trouvera, tout-à-coup, surabondante, & qui ne présentera d'autre avantage que celui d'aller acquérir des biens fonds encore moins productifs que les contrats publics ; avec un assignat forcé, vous n'êtes que juste envers ce créancier, puisque vous ne faites que l'autoriser à donner d'une main la même valeur qu'il reçoit de l'autre. — Deuxième avantage pour l'assignat monnoie. — Si ce créancier, enfin, n'a pas lui-même d'autres créanciers, & ne veut pas acquérir des terres, peu importe que les assignats qui resteront en ses mains soient libres ou forcés, leur inutilité pour lui & pour la société sera la même, & néanmoins encore dans ce cas l'assignat forcé aura l'avantage d'être au besoin un effet plus disponible. — Troisième avantage en sa faveur. — Si nous examinions de même toute la série des autres intermédiaires, en mains desquels devront passer les assignats, nous ne trouverons toujours que les mêmes résultats ; car à chaque échelon de créance payée, nous aurons toujours un nouveau possesseur qui sera dans l'une des positions supposées au créancier direct de l'état ; il paroît donc évident que l'assignat forcé remplit non-seulement le même but que l'assignat libre, mais qu'il a de plus deux prérogatives essentielles, l'une d'effectuer réellement le paiement que l'autre ne fait qu'annoncer, la deuxième de vivifier la circulation que l'assignat libre ne feroit qu'arrêter.

Je dis qu'elle l'arrêteroit, parce que vous auriez pour la vente de ces assignats, autant & plus d'obstacles que vous n'en avez aujourd'hui pour celle des biens nationaux ; car, avec quoi viendra-t-on acheter ces assignats, qui ne seront plus que des effets – marchandise ? Il faut nécessairement un signe de monnoie, ou la monnoie elle-même ; or, en rejetant l'idée d'une création d'assignats forcés pour premier intermédiaire, vous ne les admettrez pas comme second intermédiaire ; donc vous comptez sur la sortie des écus ? Mais quel motif pourroit fonder cette espérance ? Veut-on croire que les assignats libres se maintiendront plus en faveur que les autres effets publics ? En ce cas, le propriétaire d'écus n'ira pas rechercher un intermédiaire inutile & préjudiciable à ses intérêts, pour acquérir ou des terres ou des effets. Supposera-t-on, au contraire, que ces assignats

(10)

libres perdant beaucoup fur la place, les capitaliftes les achèteront alors pour acquérir des biens
nationaux ? Mais eft-il bien vrai que le difcrédit
& la baiffe d'un effet attire à lui les acheteurs ?
L'expérience de tous les temps & de tous les pays
nous prouve au contraire, que plus il y a de baiffe,
& par conféquent de défiance, moins il y a
d'empreffement & d'acheteurs ; plus il y a de
hauffe & de faveur bien ou mal calculée, plus il
a de concurrence aux achats ; mais indépendam-
ment de cette vérité, eft-il jufte, eft-il politique
de fonder une fpéculation nationale fur un malheur
général qui ne feroit que le bien particulier de
quelques riches individus ? encore ce bien fera-
t-il équivoque ou incertain, fi la conféquence
de la baiffe des affignats eft, comme cela paroît
naturel, le fur-hauffement de la valeur des biens
territoriaux, & en même temps la diminution du
prix des denrées, fuite inévitable du dépériffe-
ment d'un grand nombre de fortunes. L'affignat
forcé, & ayant cours de monnoie, me paroît
donc encore, fous ce point de vue, d'une néceffité urgente, fi, comme il n'y a pas lieu d'en
douter, l'activité & le mouvement de la circulation eft pour nous aujourd'hui l'un de nos befoins
les plus effentiels.

Il me femble auffi qu'on vous a prouvé l'utilité des affignats-monnoie, fous le rapport intéreffant de la politique, c'eft-à-dire, fur la confiftance qu'ils donnent à la conftitution, en ralliant à l'intérêt général le plus grand nombre poffible d'intérêts particuliers ; au lieu qu'une maffe confidérable d'affignats libres & flottans au gré du crédit journalier, du jeu, & des mouvemens, vrais ou faux, que l'opinion y imprimeroit, ifolera néceffairemement l'intérêt individuel, le trompera, & l'expofera à tout le défordre de l'agiotage que vous voulez profcrire.

Il me refte à examiner toutes les objections directes, & non comparatives, qu'on élève & qu'on répète fans ceffe contre les affignats-monnoie : ils offrent, dit-on,

1°. L'inconvénient de la perte à l'échange des écus contre les affignats, & la continuelle difparution du numéraire.

2°. Le danger de la contrefaction.

3°. L'injuftice qu'il y a à payer en papier-monnoie un créancier qui a prêté des écus, & qui n'a lui-même aucune créance.

4°. Le défavantage des changes vis-à-vis de l'étranger.

5°. Le préjudice national qui réfultera d'une

reſtitution conſidérable de capitaux que nous a prêté l'étranger.

6°. Enfin, le dépériſſement des manufactures, du commerce intérieur, & le ſurhauſſement des denrées & de la main-d'œuvre.

La première objection ne peut, ſuivant moi, être repouſſée par ce que l'on a dit, *que c'eſt l'argent qui gagne, & non les aſſignats qui perdent;* ce n'eſt là qu'un jeu de mots qui ne prouve rien, car dès qu'on met deux contre-poids dans les plateaux d'une même balance, celui qui s'élève, perd ſur celui qui s'abaiſſe, & conféquemment ce dernier gagne ſur l'autre tout ce qui excède le juſte équilibre; ainſi, la queſtion eſt de ſavoir ſi le numéraire effectif eſt, & doit être, la meſure exacte & relative de toutes les valeurs; & je ſuis fermement convaincu que, non parce que ce ſigne n'a par ſa nature, ni dans l'opinion, le degré d'immuabilité qui, ſeul, pourroit fournir une meſure fixe & générale : ſi les métaux, ou du moins ceux qui nous ſervent de ſignes d'échanges, étoient indeſtructibles, inaltérables, qu'ils ne puſſent ni ſe reproduire, ni s'enfouir, ni ſervir à d'autres uſages, alors peut-être acquéreroient-ils le droit d'être matériellement le repréſentatif exact d'une valeur d'opinion; mais juſ-

qu'alors je ne puis les regarder, sous telle forme
ou telle dénomination qu'on voudra leur donner,
que comme une marchandise & une production
dont le prix sera assujéti à toutes les variations
commandées par les circonstances & les évènemens : ce sont ces circonstances & ces évènemens
qui sont la seule & véritable cause de la disparu-
tion du numéraire, qu'on attribue faussement à la
création des assignats ; & s'il étoit possible de
faire une expérience aussi dangereuse , je crois
fermement qu'en levant tout-à-coup aujourd'hui
ce signe en papier, demain le numéraire seroit
encore plus caché ; la défiance augmenteroit à
chaque heure ; tous les canaux de la circulation
se dessécheroient ; les marchandises , les denrées,
les fonds de terre, les produits ; les effets publics,
tout, en un mot, diminueroit de prix , & augmenteroit par conséquent bien plus réellement &
plus dangereusement celui de l'espèce ; & je ne pense
pas qu'il puisse y avoir la moindre comparaison
entre le petit inconvénient d'un agio de 5, 6,
& même 10 p. 100, des assignats à l'argent , &
les maux incalculables d'un désordre général résul-
tant de l'engourdissement de la circulation. Quel
est d'ailleurs le moyen de rendre illusoire cette
différence d'une monnoie à l'autre? C'est de rendre

le cours de l'une tellement général & applicable
à tous les échanges , qu'elle puisse suppléer à
l'autre beaucoup plus qu'elle ne le fait aujourd'hui ;
& ce moyen consiste dans l'abondance des assignats & dans leur subdivision en petites sommes ;
enfin , lors même que cet inconvénient partiel &
particulier d'une perte quelconque à l'assignat
seroit inévitable , il est nul pour la masse générale , car ce n'est qu'un mouvement intérieur &
concentré en France , & ce que l'un perd , l'autre
le gagne ; il y a même plus : c'est qu'il est possible
encore que dans ce jeu (que je suis loin d'ap-
prouver) l'état y soit favorisé par l'impossibilité
qu'auront les étrangers créanciers de faire usage
de vos assignats , & la nécessité pour eux de les
vendre en France avec perte. Quant à la crainte
exagérée qu'on a pu concevoir de voir perdre 50,
75 p. 100 aux assignats , je crois inutile d'y
répondre : une telle perte , & toute autre appro-
chante , ne peut être que l'effet d'une défiance
fondée sur la chose elle-même ; or, dès qu'on
verra le mouvement journalier des assignats ,
c'est-à-dire , leur émission , bornée à ce qui est
dû , leur circulation intermédiaire en pleine activité , & sur-tout leur anéantissement successif par
la vente des biens sur lesquels ils sont délégués,

quand, fur-tout, la conftitution s'avancera & s'affermira fur les bafes inébranlables de l'ordre, de la tranquillité & d'une force légale ; quand, enfin, le rétabliffement des finances & des impofitions rappelleront le crédit & la confiance, il eft impoffible de fuppofer que l'agio entre l'affignat & l'écu puiffe être autre que l'agio de convenance habituelle qui exifte entre un louis & quatre écus ; entre le billon & l'argent blanc ; entre le change intérieur d'une ville à une autre. J'ajouterai, enfin, que pour donner quelque poids à la fuppofition qu'on vous a préfentée, d'une perte de 50 p. 100 à l'affignat, il faudroit en même temps fuppofer que tous vos autres effets publics ne valuffent plus rien du tout, & même moins que rien ; car, fi aujourd'hui que l'affignat perd 6 p. 100 contre écus, l'emprunt national perd 12 p. 100 contre affignats, il s'enfuivroit, par la même proportion, que ce même emprunt national devroit perdre 50 p. 100 contre affignats, lorfque ceux-ci perdront 50 p. 100 contre des écus. Cette propofition, quelle que fauffe & ridicule qu'elle puiffe être, nous prouve du moins une vérité : c'eft que l'agio actuel des affignats contre écus ne provient pas de défiance, puifque des effets publics rapportant

5 p. 100 , & plus , perdent encore eux-mêmes contre des affignats à 3 p. 100 du même débiteur. C'eft uniquement le befoin d'une plus grande maffe de fignes & d'une plus grande fubdivifion de fignes, qui produit cette différence; ainfi, multipliez les affignats - monnoie, & fur - tout ceux de très-petite fomme, vous diminuez néceffairement le nombre de ceux qui font forcés d'acheter des écus, & dès-lors vous diminuerez auffi les prétentions de ceux qui les vendent.

La feconde objection porte fur le danger de la contrefaction ; & à cela il faut avouer qu'il exifte & exiftera toujours la poffibilité à un homme d'imiter l'ouvrage d'un autre homme ; cependant , il faut dire auffi que l'expérience prouve que ce danger eft bien éloigné, & fe réduit à bien peu de chofe en derniere analyfe, lorfque des loix féveres arrêteront les fauffaires de papier comme ceux des monnoies; lorfque la multiplicité des coopérateurs, l'excès même des précautions poffibles , une furveillance active & toutes les combinaifons du génie éloigneront la poffibilité des contrefactions; je dis de plus, que dans la déperdition fucceffive & inévitable d'une quantité d'affignats, il exifte une compenfation avantageufe pour l'état au paiement des titres faux

qui

qui peuvent, à rigueur, fe glisser dans la circulation. Je dis, enfin, que ce même inconvénient
exifte d'une manière plus intolérable encore dans
les fignes d'or & d'argent, dont il eft bien plus
aifé d'altérer le titre ou le poids ; & ce n'a jamais
été un motif de ne pas frapper des efpeces.

J'ai déjà répondu en partie à la troifième
objection qui porte fur l'injuftice qu'il y a dit-on
à payer en papier-monnoie un créancier qui a
prêté des écus, & qui n'a lui-même aucune
créance ; mais j'ajouterai encore quelques réflexions pour atténuer cette oppofition ; &
d'abord, je crois qu'on taxe fort improprement
les affignats de papier monnoie, ou du moins
qu'on y attache injuftement l'idée défavorable
qu'on s'eft fait en France depuis 70 ans du papier
monnoie, idée vraie quand une création de pareil
numéraire ne dépend que d'un gouvernement
arbitraire, quand elle ne porte fur rien de réel,
quand il n'y a point de raifons d'en limiter l'émiffion, quand rien n'affure fon emploi & fon anéan-
tiffement, quand enfin le cours naturel des chofes, la difpofition des efprits & la fimple raifon
ne laiffent pas l'efpérance de l'amélioration fucceffive des inconvéniens paffagers d'une telle
mefure ; alors on peut dire avec fondement, que

B

le papier chasse l'argent, & rien ne peut légitimer le crédit momentané d'une fausse opinion ; mais confondre aujourd'hui avec elle ; l'idée juste que nous devons nous former d'une délégation sur des biens à vendre, délégation toujours inférieure à leur valeur, délégation dont les formes sont sacrées, dont l'emploi est connu & assigné, dont l'étendue est bornée, dont le terme est inévitable ; ce seroit en vérité craindre de traverser sur un pont de pierre solidement construit, le torrent qui auroit emporté l'année précédente un pont de bateaux, jetté à la hâte, & sans précaution. --S'il est donc vrai que vos assignats-monnoie soyent le représentatif exact de leur valeur & n'ont rien d'immoral ; je dis alors qu'il n'y a aucune espèce d'injustice à les donner en payement de la même somme prêtée en écus, sur tout à l'homme qui n'a pas besoin de ces écus ; cette soi-disant injustice existeroit plutôt vis-à-vis de celui qui est forcé à une conversion quelconque ; mais pour celui qui comme nous le supposons ici n'a aucune dette, & veut garder & *regarder* son or & son argent, il me paroît bien indifférent qu'il voye du papier, du métal, ou telle autre substance qui lui est aussi inutile ; je pense même que cette thésaurisation nuisible à la société, est par cela même assez injuste

pour que s'il y avoit un inconvénient sous ce
rapport à l'émission des assignats, cet inconvénient retomba plus directement sur cette claffe
d'individus inutiles à la fociété, & heureufement
la moins nombreufe; je dirois encore que pour
l'intérêt même de ce capitalifte, la néceffité le
pourroit porter à préférer cette efpèce d'injuftice,
fi elle exiftoit, car fi les autres moyens que l'Etat
peut adopter font infuffifans & dangereux pour les
créanciers directs, ne vaut-il pas mieux que ce capitalifte ne perde qu'une légère portion de fa créance
au lieu d'une plus forte. Il eft encore à obferver
que rarement la loi la plus fage & la plus générale-
ment jufte n'ait fous quelque rapport, une apparence & même une réalité d'injuftice particulière,
le plus haut point de perfection humaine eft la
moindre imperfection ; & vouloir réunir toutes
les convenances & tous les avantages individuels,
ce feroit fans doute, vouloir l'impoffible. Enfin,
c'eft peut-être une manière indirecte d'impofer,
non au profit de l'Etat, mais au foulagement des
autres contribuables ce petit nombre de riches
cachés, de prêteurs & de capitaliftes à porte-feuille
qui, dans tous les temps, & dans tous les pays,
ont fi bien fûs profiter des détreffes de l'Etat & des
particuliers ; ce ne feroient jamais là, je l'avoue, des

motifs d'être injuste envers ceux ni envers, per-
fonne, mais j'ai commencé par prouver que je ne
voyois aucune injuftice à payer 6 liv. en écu, par
6 liv. en papier qui en eft le repréfentatif, qu'autant vaudroit la prétention de celui qui demande-
roit aujourd'hui la reftitution en louis d'or & non
en écus, de la fomme qu'il auroit prêtée en louis
d'or, & je n'ai prétendu ajouter quelques confi-
dérations particulières à la claffe des créanciers
indépendans dont il s'agit ici, que pour affaiblir
vis-à-vis d'eux, l'idée de cette injuftice fi elle
exiftoit.

4.° Le défavantage des changes, vis-à-vis de
l'étranger eft encore une objection dont on releve
l'importance d'une manière exagérée ; en la rédui-
fant à fa jufte valeur, il fera aifé d'appercevoir le
peu de poid qu'elle doit avoir.—Les changes de la
France avec tous les autres pays ne font autre
chofe que le prix journalier des compenfations du
commerce extérieur, & ce qui les rend hauts ou
bas eft en dernière analyfe la folde qui jamais ne
peut fe balancer que par les métaux d'une ou
d'autre part ; il eft donc clair que le figne intérieur de la circulation numérique eft prefqu'entié-
rement étranger à la pofition des changes, & que
c'eft la profpérité feule d'un Royaume, l'excédent

de fon agriculture, de fon commerce, de fon induftrie & en un mot une exportation plus confidérable que fon importation, qui peut tourner en fa faveur la folde des échanges; en ce cas que vous ayez intérieurement du numéraire en métal ou en papier, que vous n'en ayez pas du tout, il faudra bien que l'étranger finiffe de vous payer ce qu'il vous doit, en or ou en argent, & alors vos changes baifferont, c'eft-à-dire qu'on donnera moins de livres de France à Paris pour recevoir une livre fterling à Londres, un florin à Amfterdam, ou une piftole à Madrid: Si au contraire la pofition de nos affaires générales eft telle que nous devions une folde à l'étranger, il eft encore égal que nous ayons intérieurement du papier, du métal, peu ou point de figne quelconque de circulation, nousaurons toujours à payer ce que nous devrons au dehors en or ou en argent, & alors vos changes haufferont, c'eft-à-dire, qu'on devra donner à Parisplus de livres de France, pour recevoir une livre fterling à Londres, un florin à Amfterdam, ou une piftole à Madrid, où ce qui eft la même chofe qu'il faudra acheter plus chèrement les métaux néceffaires au paiement de cette folde; & c'eft uniquement fur cette folde que peut porter la différence qui exiftera entre le prix des affignats, & celui des écus ; ainfi, en admettant que cette balance de commerce qui a été long-temps en notre faveur foit aujourd'hui contre nous de 40 ou 50 millions par an, & que les écus gâgnent même 10 pout cent, il en réfultera par le fait des affignats, une augmentation de perte de 4 à 5 millions pour un an fur toute la France ; je ne penfe pas que mes fuppofitions puiffent être beaucoup erronées, & que j'en atténue le réfultat, mais à fuppofer même une perte de 8 ou de 10 millions ; doit-elle arrêter une mefure d'ailleurs utile ? Il eft de plus à obferver que la pofition forcée des changes eft une raifon naturelle, de faire revenir plutôt en notre faveur la balance du commerce & des échanges, car il eft certain que cette pofition renchérit le prix de nos importations, & diminue celui de nos exportations ; or, plus celles ci feront à meilleur marché, plus elles augmenteront ; plus les importations feront chères, plus elles diminueront ; enforte que la caufe même qui rompt l'équilibre, tend fans ceffe à le rétablir.

La cinquième objection que j'ai entendu alléguer, porte fur le préjudice qui réfulte, dit-on, d'une reftitution confidérable des capitaux que nous a prêté l'étranger. — A cet égard, j'ignore jufqu'à quel point l'étranger peut être intéreffé dans cette partie de la dette qu'il eſt queſtion de rembourſer aujourd'hui en aſſignats ; mais je ne-crois pas cet intérêt étranger auſſi conſidérable dans les effets au porteur, que dans la dette en contrats ; quel qu'il ſoit, il n'eſt pas queſtion d'exa-miner aujourd'hui la convenance ou la diſconve-nance qu'il y a à avoir des étrangers pour prê-teurs dans les fonds publics, & s'il leur eſt dû, il faut les payer comme les créanciers français, à teneur des engagemens ; mais enſuite, & loin qu'il y ait un préjudice national à les payer en aſſignats, il eſt évident, comme je l'ai déjà dit, que ſi ces créanciers ne veulent pas garder ces aſſignats, qu'ils ne veuillent pas les employer en d'autres créances publiques ou particulières en France, ni enfin acheter des biens nationaux ; ils réaliſeront leur aſſignats contre des métaux, avec une différence en perte pour eux, qui retom-bera au profit des Français, qui compenſera bien le préjudice inſtantané d'une ſortie de numéraire, & fera ceſſer plutôt le paiement annuel & tou-jours onéreux des intérêts de ces capitaux.

La ſixième & dernière objection porte ſur le dépériſſement des manufactures & du commerce intérieur, & ſur l'élévation du prix des denrées & de la main d'œuvre. —Pour y répondre exactement il faut fixer ce me femble nos idées fur le fervice qu'on doit attendre des affignats, & admettre l'une de mes trois fuppofitions.

Ils perdront contre les écus.

Ils gagneront contre les écus.

Ou ils feront au pair contre les écus.

S'ils perdent, il eft évident que les écus s'enfermeront, & que les affignats ne feront que les fuppléer dans la circulation néceffaire.

S'ils gagnent, les affignats feroient cachés à leur tour, & les écus reparoîtroient feuls dans le commerce.

S'ils font au pair l'un de l'autre, alors feulement la circulation fe trouveroit peut-être furchargée.

Que les affignats perdent ou gagnent, il eft donc clair qu'eux ou les écus rempliront le but que nous devons nous propofer, celui de vivifier la circulation par la préfence du figne qui eft néceffaire, & la jufte mefure de cette néceffité eft un calcul au-deffus de toute théorie, le cours naturel des chofes l'établit infenfiblement, & tout s'y proportionne d'une manière plus ou moins prompte & directe; c'eft l'activité feule de cette circulation & peut-être un excédent dans fa jufte mefure, qui eft le figne le plus réel de la profpérité, qui excite le travail, l'induftrie du commerce,

des manufactures & de l'agriculture, qui baiſſe
l'intérêt des fonds néceſſaires aux avances , &
loin de craindre par l'effet d'un ſigne ſuppléant
au numéraire le déperiſſement de notre induſtrie,
c'eſt, je penſe, un des grands moyens de l'encou-
rager , ſans redouter l'élévation du prix de la
main-d'œuvre & des denrées, car cette éleva-
tion ſera toujours proportionnée aux beſoins &
aux facultés des conſommateurs nationaux ou
étrangers, qu'aujourd'hui, par exemple, l'aſſignat
perdant cinq pour cent, il renchériſſe d'autant nos
étoffes de laine ou de ſoie, par la néceſſité où
eſt le manufacturier de payer cinq pour cent,
de plus, la matière première & la main-d'œuvre,
le conſommateur étranger ne paye pas d'avantage,
puiſqu'il regagne cette perte ſur la poſition du
change; & d'un autre côté, le conſommateur
national payant cinq pour cent de plus, regagne
lui-même cette différence , en vendant propor-
tionnellement ſes produits, ſes denrées ou ſon induſtrie : tout ſe tient & ſe balance ainſi dans le
mouvement journalier & dans l'économie intérieur d'un grand royaume, & ſi quelque ſe-
couſſe rompt momentanément l'équilibre néceſſaire, la nature même des choſes le rétablit
bien promptement.

Quant à la pofition forcée (& prefqu'impoffible) que j'ai fuppofée d'une parité foutenue
entre les affignats & les écus, alors feulement
il pourroit paroître que la circulation eft trop
furchargée, mais le remède eft immédiat, puifque
l'écoulement naturel de cet excédent eft ouvert
par la vente des biens nationaux, & il eft mo-
ralement impoffible que cette furcharge ait jamais
lieu, ou qu'elle foit fucceptible d'inconvéniens
dangereux : en ce cas encore, l'on a propofé un
fecond remède qui me paroît également efficace,
fi le premier n'étoit pas fuffifant, ce feroit l'ou-
verture d'un emprunt par contrat à bas intérêt.
Mais je le répéte, nous fommes loin d'atteindre
au danger d'une trop grande circulation, &
je crois au contraire, que nous avons à redouter
le danger oppofé ; depuis nombre d'années l'induftrie luttoit en france contre l'infuffifance des
moyens, & fe plaignoit avec raifon de l'engouffre-
ment de toute les richeffes repréfentatives à Paris,
& fur-tout à la bourfe de Paris ; le mouvement
des fonds publics foutenoit du moins à un certain
point ce befoin de circulation, mais fi la fageffe
d'une nouvelle conftitution & d'une bonne
adminiftration met un terme défirable à ce
mouvement, il faut bien qu'il réagiffe fur tous
les petits canaux intérieurs.

Je ne finirai pas sans un autre observation, c'est que tout ce qu'on oppose à l'émission des assignats, paroît fondé sur la supposition qu'on en inondera tout-à-coup le royaume, qu'on les donnera pour rien, qu'ils se reproduiront sans cesse, & n'auront point d'extinction ; si l'on s'arrêtoit aux idées vraies, que leur émission ne sera que successive, qu'ils ne sont destinés qu'à payer ce qui est dû, qu'ils ne peuvent ni se reproduire ni se perpétuer, il me semble que toutes les craintes perdroient beaucoup de leur importance.

J'ajouterai enfin, qu'on impute à ceux qui défendent les assignats le penchant à soutenir une cause qui flatte leur intérêt particulier, & cela doit être ; mais ceux qui veulent les décrier, ne caressent-ils pas aussi une idée qui offre un résultat analogue à leurs vues, à leurs spéculations, où à leurs convenances ? Et si l'on veut reprocher aux uns ou aux autres le but de vouloir rappeler & entretenir l'agiotage & ses désordres, je demanderai lequel des deux systèmes y est le plus opposé, celui qui désir un effet dont la valeur soit déterminée, où celui qui la veut laisser flotter au gré de l'opinion & des mouvemens du crédit & du jeux. Enfin, & si dans l'impoſſibilité d'une opinion abſolument impartiale à cet égard, il faut s'arrêter à l'intérêt du plus grand nombre, après avoir combiné tous les autres motifs de juſtice, de raiſon & de politique, y a-t-il du doute ſur le côté qui l'emportera ?

Je conclus, par former mon vœu, pour que l'aſſemblée nationale décrète

1º. Le principe de la vente immédiate de tous les biens nationaux aux conditions déjà décrétées.

2º. Celui de l'émiſſion ſucceſſive d'aſſignats-monnoie, pour la totalité du produit ou de l'évaluation deſdits biens.

3º. Que proviſoirement cette émiſſion ſe borne à la ſomme néceſſaire au paiement régulier de tous les arrérages, des dépenſes ordinaires & extraordinaires, de l'ariéré, & des dettes ſuſpendues.

4º. Que ſucceſſivement & à meſure d'extinction des aſſignats par des ventes de biens, il en ſoit remis en émiſſion une quantité pareille pour payer les rembourſemens des charges, & la partie de la dette rembourſable & rendue exigible.

5º. Qu'ainſi, & en aucun cas, la maſſe

conftante des affignats en circulation n'excede la fomme d'un milliard.

6°. Qn'un emprunt en contrats de rentes perpétuelles à quatre pour cent refte ouvert jufqu'à l'extinction des affignats.

7°. Que les affignats ne portent point d'intérêt, & que de juftes mefures foient prifes pour retirer les premiers 400 millions émis avec trois pour cent d'intérêt.

8°. Enfin que portion des affignats foient coupés en petites fommes jufqu'à 6 livres.

A PARIS. De l'Imp. de L. POTIER DE LILLE, rue Favart, N°. 5. 1790.

www.ingramcontent.com/pod-product-compliance
Lightning Source LLC
Chambersburg PA
CBHW061334050726
47595CB00005B/1927